새벽의 끝자락에서

새벽의 끝자락에서

초판발행	2025년 11월 22일
발행 및 편집인	신상성
지은이	신삼남
주간	목진숙
편집위원	유자효 박동관 최창영 윤은숙
북 디자인	명성문화센터
표지화	김영미
발행처	아시아예술출판사
농협	351 1056 7903 63 (아시아)
등록번호	2018-000098호
연락처	T. 010 2422 5258
	writer119@naver.com
주소	경기도 안산시 상록구 감골 2로58 선경(아) 102-1202

ISBN 979-11-92713-28-1
값 10,000원

* 이 도서의 국립중앙도서관 출판예정도서목록(CIP)은 서지정보유통지원시스템 홈페이지 (http://kolis-net.nl.go.kr)에서 이용하실 수 있습니다.

* 이 책은 거제시문화예술지원사업 〈아트포유〉 선정작으로 거제시의 지원을 받아 제작되었습니다.

새벽의 끝자락에서

신삼남 시집

아시아예술출판사

시인의 말

　오래전 어느 저명 시인의 시집을 받은 적이 있었습니다. 생소한 단어와 현란한 비유로 장식된 문장은 난수표처럼 어렵기만 했고, 내 문장력에 믿음이 가지 않았던 터라 그런저런 이유로 시를 읽는 것도 쓰는 것도 외면해 왔습니다.

　그러다 나태주 시인의 '밥보다 시'라는 인터뷰 기사를 읽게 되었습니다. "좋은 시란 짧고 단순해야 합니다. 누구나 읽어도 알 수 있는 쉬운 언어로…"

　어려운 퍼즐이 풀리면서 펜을 잡았고 첫 시집을 내기에 이르렀습니다.

한편으론 남들이 볼까 좀 부끄럽다는 생각이 들지만 '작가의 글 보다는 독자의 해석이 중요하다'라는 말로 위안을 삼고자 합니다.

창작의 바다에 배를 띄워준 좋은 친구 양재성 시인과 짧은 인연이지만 해설을 맡아주신 신상성 교수님께 감사드립니다.

출판에 도움을 주신 거제시와 아트포유 관계자, 아시아예술출판사, 그리고 항상 삶의 조언을 아끼지 않는 아내에게도 고마운 마음을 전합니다.

저자 *신삼남*

목차

1부

엉겅퀴꽃	12
임 그리워	13
농막별곡	14
좋은 일	15
굴레를 벗는다	16
예쁜 아이	17
참나무	18
비행기	19
인생	20
새 울음	22
멀리 있는 너	23
송연아	24
황혼의 블루스	25
혼자라는	26
눈물에 젖은 편지	27
독백	28
산에 숨은 밭	29
미안하다	30
돛을 올려라	32
방하착放下着	34

2부

돌아보지 마세요	36
별은 내 가슴에	37
떠나간 사람	38
임 그리워	39
몽당	40
그대는 별	41
다이어트	42
작은 새	43
이별의 끝	44
첫눈이 내리면	45
붓꽃	46
쌍갈래길	47
엉겅퀴	48
주안상	49
그대	50
아침밥	52
세월을 쫓아	53
신발	54
초가을 풍경	55
천일홍 사랑	56

목차

3부

동상이몽	58
떠나간 사람	59
파안대소	60
바람이 날아가네	61
석양에서 새벽까지	62
하수구	63
참새와 고양이	64
겨울비	65
차이	66
농막에서의 오후	67
한 발자국	68
닭장에서	70
사곡만의 오후	71
아버지의 그늘	72
외출	74
팽나무	76
이른 코스모스	77
초승달	78
언양 고갯길	79
청마 생가의 봄	80

4부

닭발	82
기일	84
8월초	85
계룡산 안개	86
밭에서	87
정성	88
2층 건물	89
눈꽃	90
이파리	91
금잔화	92
빈 샴푸통	94
바람	95
발자국 소리	96
솔잎	97
풀이 되어	98
자화상	100
수국	102
기억	103
아내	104
이른 아침	106

신상성 『신삼남시인론』 소리 없는 소리	108

1

엉겅퀴꽃
임 그리워
농막별곡
좋은 일
굴레를 벗는다
예쁜 아이
참나무
비행기
인생
새 울음
멀리 있는 너
송연아
황혼의 블루스
혼자라는
눈물에 젖은 편지
독백
산에 숨은 밭
미안하다
돛을 올려라
방하착放下着

엉겅퀴꽃

산책로 둑길에 숨은 듯 몰래 핀 엉겅퀴꽃
거친 털로 휘감은 줄기와 가시 뻬친 이파리
독을 품은 검보라색 꽃봉오리도
등산객의 눈길조차 외면 받아왔는가
어느 날 폭풍우에 쓸려 사라졌는지
구름이 꾀어서 데려갔는지
그 자리 홀연히 네가 없어지고 나서야
새색시 박하분 솔처럼 꽃봉오리 내밀었네
비로소 네가 진정 고귀한 보랏빛 엉겅퀴꽃
우리 마을 얼굴 꽃임을 이제 깨달았네

임 그리워

산방산 세 봉오리에 반짝이는 별빛
품은 사연 그리도 많아 슬피 우는 부엉이

바위 틈새로 깊이 뿌리내린 채
말없이 청마 생가 굽어보는 노송

둔덕천은 청마를 부르듯 굽이치며 흐르고
진달래 동백꽃 시샘하듯 활짝 피는 산길

흐르던 능선이 멈춘 곳에 붉게 솟은
청령정 지붕 위로 한가로이 잠자리 떼 노닐고

노스탤지어의 손수건처럼 흔들리는 깃발과
푸른 하늘 향해 외치는 소리 없는 아우성에
메아리로 화답하는 정기 품은 산방산

바람이 공주샘 전설을 산성으로 나를 때
임 그리는 내 마음도 함께 실어 보낸다

농막별곡

해 질 무렵 산 중 비알밭에
쏟아지듯 내리는 빗줄기
불린 당면 끝자락 하늘에 닿은 듯
거미줄처럼 끊어지질 않는데

농막에 앉아 오갈 수도 없게 되니
괜스레 울적함은 임 그리는 연민인가
함께 가야 하는 깊고 질긴 인연
서로에게 진 빚이 많은 게지

굵은 비 가랑이로 스치는 바람에
문이 홀로 여닫히는 소리
못 올 줄 알면서도 자꾸만
가는 눈길 달래며 하얀 밤을 지샌다

좋은 일

뭔가 마뜩잖은 자리에 앉은 듯한 오늘
밭 가 큰 나무에 앉아 쉬던 산새 한 마리
휘리릭 날갯짓 한다

가만히 바라볼 수밖에 없는 내 눈동자에
그 옛날의 실루엣이 어른거리는데

그때가 좋았다
사실 이런 게 좋은 일이지

먼 훗날 다시 여기서 기억을 떠올리면
지금이 그 옛날이겠지

굴레를 벗는다

간절히도 기다렸느니
초중고 열두 해 기나긴 시간
마라톤의 승전보처럼
그리도 조마조마 애태우며 오더이다

합격증서를 받아 든 날
깊숙이 품었던 환희의 이슬을 쏟고
두 손 포개 가슴에 안았던 순간
물레방아처럼 한없이 울어본 적이
언제였는지 기억조차 희미한데
척박했던 나날을 참아 낸 보상인가

아 아
이제는 속박의 굴레에서 벗어나
싱그러운 새봄의 그늘에 앉아
곱게 필 목련화를 그리며 가다

예쁜 아이

나 어릴 때 우리 집 옆집에
예쁜 아이 있었는데
참하고 예쁘다고 다들 쳐다 봤지

학교 가면 남자애들 슬금슬금 다가와
깐죽깐죽 넘보는데
마음씨 고운 그 아이 부끄러움 못 숨기네

순아 순아 영순아 너거 아부지 부르신다
술 심부름 시킬려나 담배 심부름 시킬려나
순아 순아 영순아 너거 엄마 부르신다
밥할 때가 되었나 방 청소를 해야 되나

그 아버지 그 엄마 바쁜 세월 잡지 못해
북망산천에 자리 잡은지 오랜데
예쁜 영순 주름살이 만발이니
내 두 눈에 고인 눈물 옛 추억이 스쳐가네

참나무

얼기설기 골이 패인 참나무 아래
생을 다한 이파리들이 참 을씨년스럽다

찬바람에 휘둘리듯 가벼운 몸을 굴리는데
내려앉은 이파리만큼 참나무는 가벼울까

큰 덩치에 뼈만 앙상 시름이 깊나보다
대한이 저만치 갔으니 입춘 오는 소리를 듣는 듯

몇 장 남은 누런 잎새 살랑 지나는 칼바람에
먼저 내린 친구를 소리 소문 없이 덮는다

비행기

하늘을 우러러 고개를 힘껏 젖혀
웅 하는 소리에 저 멀리 구름 사이 점 하나
잠자리로 탈바꿈하더니
내 머리 위 쇳덩이
무슨 말 못 할 사연을 실었는지
울면서 간다
땅에 닿으면 그치겠지
인생사 새옹지마

인생

너와 나 어떤 사람들 인가
어디서 나서 어떻게 살았나
두 손으로 머리 붙잡고 흔들어 봐도
도대체 어떤 사람들인지 알 수가 없네

때로는 손가락질도 받게 되더라
박수 소린 들리지 않고
위로받을 땐 폭풍 눈물 흘리고
기쁜 일엔 마음껏 웃었지

살아 갈수록 고독이 살아 갈수록 서러움이
웃어도 마음은 아프다 주름살만 늘어나니까
조용히 생각해 보니 당연한데 왜 그럴까

세상 살며 생각한 게 많아
힘든 세월에 사람들 보며
욕심을 내려놓은 뒤 깨달았네
우리가 얼마나 바보였는지

지난날보다 내일이 더 좋아
밝은 태양 비추고 있으니
당신만 먼저 떠나지 않는다면
진흙길도 나는 괜찮아

새 울음

갈색 옷 입은 작은 새 덤불숲에서 날아와
쭉 뻗은 소나무에 앉아 악을 쓰고 우는데
부지불식간 듣노라니
찰나의 순간 날카로운 비수 하나
섬광처럼 휘~익 사라진다

지난 일 삭히려 해도
엎질러진 억울함이 어디로 갈까

새 울음 소란스러워도
주인 없는 저 무덤 귀먹어서 못 듣건마는
어이하여 내 귀에는 이다지도 잘 들리는고

새 울음 끊어진 산 중 밭
회색빛 석양이 밀려들고
살얼음 녹은 밭고랑
거친 낙엽이 일엽편주로다

멀리 있는 너

까마득히 잊고 살았다
길가에 고개 돌린 들꽃도 꽃이라는 것을

하루마저 석양에서 황혼으로 가고 있는데
나 혼자만 하늘 가운데 멈춰선 구름이었나

네가 멀리 있는데 하늘이 구름을 그대로 둘까
너의 심장소리 가까이 들리지 않는다면
길가에 핀 이름 모를 꽃

풀로 기억될 뿐이야

송연아

오빠 뭐해
응 아는 사람들과 밥 먹고 있어
근데 오빠가 보내준 거 이거 뭐야
응 새언니에게 물어봐
귓전을 맴도는 목소리 엊그제인데
송연아 송연아
함백산 소나무가 너를 품어버려
이제 들을 수가 없어 볼 수도 없어
모든 게 지워졌네
송연아 오빠가 미안하다
내 작은 두 눈 양 갈래 폭포
물레방아처럼 울었다

황혼의 블루스

석양에 젖은 낙엽 언 땅 위에 구르고
홍매화 가지 끝 한 떨기 잎새가
매서운 찬바람에 힘없이 날리는데

이내 마음 모른 채 다시 온다는 말 없이
돌아서 가버린 야속한 사람아

이루지 못할 순정 내 가슴에 왜 심었나
힘없이 내민 얇디얇은 손등에
또르르 구르는 눈물방울
그 의미를 너는 아느냐

당기지도 밀지도 못하는 이내 심정
황혼은 나를 향해 이리 오라 손짓하네

혼자라는

아무 일도 아닌 듯 무덤덤한 표정

발길을 돌렸지만
공허한 마음은 중심을 잃었네

그동안 못했던 말들이 나를 무겁게 하지만
먹먹한 마음에 눈물이 고여와 말을 아꼈지

지나온 시간을 되새기며
차곡차곡 쌓아온 추억을 기억

짧지 않은 어둔 밤을 지새워야지
나의 고독함 달래봐야지

외로움은 괜찮아
견딜 수 있어

 그렇지만 혼자 된다는 것
나를 힘들게 해

눈물에 젖은 편지

편지를 쓰다 말고 우는 사람
사랑은 가만히 여기 있는데
그대 나를 바라볼수록 멀어지는 외로움에
흐르는 눈물은 아름다운 이별이었나

그대 눈물방울 희미하게 떠오를 때
지난 추억 주마등처럼 지나가
눈을 감으면 밤하늘의 잔별되어 멀어져 가네

이제 다리를 다친 고라니 마냥
그대 향해 기대어 볼까나

사랑과 이별 추억이 담긴 그 편지
이제 내 눈물로 흠뻑 적시려 하네

내 마음속 사랑은 저만치 있지만
이 몸은 작은 새 되어 그대 향해 날아가리

독백

또 의미 없는 하루가 지나가고
점점 가까이 다가오는 박명종薄明終

초병들은 눈을 반짝이며 얼굴 검게 칠하고
매복을 준비하며 긴장을 추스르는 시간

밧줄로 칭칭 감긴 나의 일과를
누군가 매의 발톱처럼 낚아채듯

메마르고 푸석푸석한 영혼에
따뜻한 자양분이 필요한 충전의 계절

어느 순간 눈동자에 비친 박명초薄明初

새벽 출항을 서두르는 어선들의 분주함에
돛대를 향해 서늘한 하늬바람이 불고

냉기 어린 대지에 새싹이 돋아나듯
생기 충만한 새벽을 고이 틔울 즈음
창문 활짝 열고 생동의 바람을 맞자

산에 숨은 밭

산 중에 숨어 사람 손 덜 탄 밭
주인인지 객인지 드문드문 오가건만
반기지도 않으면서 싫은 내색 안한다

산속에 혼자인데 어찌 외롭지 않을꼬
오는 그 사람 주인이면 어떻고
객이면 어떠하리
싫다 하진 않았으니 쉴 곳은 내어 주겠지

여기저기 가꾼 채소 제멋대로 뒹구는데
사람 손이 몇 번 가니 얼굴색이 확 바뀌네

이보게 세상 사람들아
여기 산 중 밭에 아름드리 편백나무 그늘 있으니
움푹 패인 주름살 속
그 땀이나 닦고 가세

미안하다

미안하다고 말하니 내가 더 미안하다

이 시간 나는 싸늘한 겨울비 내리는 카페에 앉아
돌아서 가는 너의 뒷모습을 보면서 생각에 잠긴다

온몸으로 쓸쓸한 커피 향을 두르고 있노라니
창문 밖 길에는 많은 사람들이
각양각색의 모습을 갖추고선
머릿속에 담긴 사연을 찾아
종종걸음으로 발길을 옮긴다

인생사 매서운 바람결에 뒤틀리고 흔들려도
너와 나 서로 믿고
실타래 마냥 헝클어진 질곡의 이 세상에서
우리의 민들레 인연도
늦겨울 목련꽃 이파리 되어 훌훌 날아갈는지도 모른다

지금도 나는 너의 모습을 떠올리며 고뇌의 사색에 잠기나니

참 미안하다
다시 너를 보지 못한다 해도
너 보다 내가 더 너를 사랑했다는 것
너는 알겠지

돛을 올려라

세월 가면 누구나 가는 곳이 있어

두 손으로 돛을 잡고
버티고 싶어도 가기 싫어도
무정한 조각배는 떠나 간다오

돛을 올려라 돛을 올려라
노년의 찌그러진 울타리 너머로

돛을 펼쳐라 돛을 펼쳐라
욕망의 덩어리를 가만히 내려놓고
깜짝할 새 다다른 천상의 땅

무거운 육신은 어디론가 사라지고
순하디 순한 혼백만 남았구나
넓디넓은 도량도 따라 남았구나

아
버티고 싶어도 오기 싫어도
무정한 조각배는 기어이 떠나왔고
하늘 새의 눈물방울도 품어야만 하네

천상초의 속삭임 들으며
지난 인생길 옛 추억을 품고서
낯선 듯 하늘길 걸어나 봄세

방하착放下着

잊혀져 간다

진실을 품은 사실들은 하나 둘
희미하게 세상의 저쪽으로 천천히 사라지면
한결 되살아나는 내 마음

가벼워진 가슴의 열정으로 솟구치는 의욕
아집과 독선과 욕망으로 점철된 공간

아아, 잊으면 새털처럼 가벼운 것을
이젠 조금씩 버리고 비워가자
온갖 잡동사니로 빼곡하게 들어찬
내 영혼의 방을 훤하게 비워보자

움켜쥔 허상을 내려놓기 좋은
시리고 하얀 계절의 언저리에서

2

돌아보지 마세요
별은 내 가슴에
떠나간 사람
임 그리워
몽당
그대는 별
다이어트
작은 새
이별의 끝
첫눈이 내리면
붓꽃
쌍갈래길
엉겅퀴
주안상
그대
아침밥
세월을 쫓아
신발
초가을 풍경
천일홍 사랑

돌아보지 마세요

떠날 땐 소리 없이 사알짝 감춰지더니
어느샌가 내 옆을 안개처럼 맴돌다니요
떠나고 싶음 가고 보고 싶음 오는
당신은 참 좋겠소

혹여라도 허튼 생각일랑 품지도 마오
마지막 옷소매도 뿌리치고 간 당신
뒤늦게 나를 향해 애원하다니요.
떠나고 싶음 가고 보고 싶음 오는
당신은 참 좋겠소

백만냥을 준다 한들 되돌릴 수 있을까요
은하수를 따다 준들 받아줄 수 있을까요
다신 제발 돌아보지 마세요
나는 이미 예전 내가 아니랍니다.

별은 내 가슴에

차거웁게 분다 그대라는 이름으로
말없이 들어온다 텅 빈 가슴 한켠에

잊혀지지 않아도 생각을 참았던
지난날의 기억들

깜깜한 이 밤 저 멀리서 내려오는 별을
내 가슴속으로 들어오라는 듯
두 팔 벌려 애절하게 손짓한다

한없는 추억 저 멀리
선명하게 남은 그대 모습
별 속에 숨은 나의 기억을
또다시 되살리네

떠나간 사람

어쩌다가 나를 사랑했는지
어쩌다가 나를 콕 찍었는지
고되고 차디찬 세월은 왜 나를 아프게 하는지
이제 너도 나를 떠나고 상처만 남았네
나 혼자는 힘들고 외로워요
자꾸만 눈가에 이슬방울이 맺혀요
오 떠나간 사람아
기나긴 하루해가 서산에 지네요
또다시 맞이하는 이 밤은 외로운 나를 울리겠지요
가슴속 깊은 곳에 자리한 나의 사람아
부디 행복하게 잘 지내야 해
어느 순간 힘이 들면 또다시 내게로 와 줘요
나는 괜찮아요

임 그리워

산방산 세 봉오리에 반짝이는 별빛
품은 사연 그리도 많아 슬피 우는 부엉이

바위 틈새로 깊이 뿌리내린 채
말없이 청마생가 굽어보는 노송

둔덕천은 청마를 부르듯 굽이치며 흐르고
진달래 동백꽃 시샘하듯 활짝 피는 산길

흐르던 능선이 멈춘 곳에 붉게 솟은
청령정 지붕 위로 한가로이 잠자리 떼 노닐고

노스탤지어의 손수건처럼 흔들리는 깃발과
푸른 하늘 향해 외치는 소리 없는 아우성에
메아리로 화답하는 정기 품은 산방산

바람이 공주샘 전설을 산성으로 나를 때
임 그리는 내 마음도 함께 실어 보낸다.

몽당

닳고 닳은 낫처럼
굽은 허리로 하늘을 등짐 진 채
무거운 발걸음을 내딛던 아버지

길에 떨어진 콩 낱이라도 볼라치면
'아까운 곡식이 버려져 있구나'

그 모질고 척박했던 한 세월을 견뎌온
낫자루도 빗자루도 아버지의 육신도
이제 몽당이 되었다.

그대는 별

굳이 붙어 앉아 밤하늘을 함께 보네
캄캄한 어느 밤 달도 별도 없이 홀로였는데
뭘 하다 왔는지 별 하나 내게로 다가와
지금 내 옆에 살포시 앉아 아름답게 반짝이네

지난날 견딜 수 없는 상처와 아픔
매서운 비바람 덮어쓰던 쓰라린 과거사에
회색빛 육신이 쭈글쭈글 작아질 때
다정하게 내 이름 불러준
그 별과 함께 이 밤을 지샌다

우주 그 많은 별들 속에
나만을 품어준 그대라는 별
이 밤이 가고 새벽이 와도 내가 잡아 줄게

이제 어두운 밤이 저만치 갔는데도
내 별은 제자리 그대로 있네
계절이 변하고 세월이 흘러도
항상 반짝이게 해 줄게

다이어트

밭 가에 우뚝 선 참나무
늦가을 산들바람에 삼색으로 물든 이파리
지난여름 태풍에도 잘 버텼건만
나이 들어 그렇나
붙잡던 가지와 싸웠나
하루하루 옷 벗더니
엄설 궂게 앙상하다
다이어트는 인간만이 아니구나
그런데 머릿속이 뚱뚱하니
이걸 어쩌나

작은 새

여름이 끝나가는 산속에 초가을 맞이 날 즈음
나무 위의 작은 새는 아는지 모르는지
보이지 않는 가을을 향해 쉴 새 없이 소리 지른다

작은 새의 눈에 희미하게 새겨지는 가을을
이제 보지 못하는 것은
여름이 아직 가지 않았고
가을도 조금은 멀리 있고
세상 만물이 아직 가을을 맞이할 준비가 안 됐기 때문이다

친구야
나는 오지 않은 가을에 이런 말을 붙여 본다
'가을이 오면 겨울이 멀지 않으리'
나무 그늘 사이 한가로운 작은 새가
춥고 고달픈 겨울을 생각할까

그러나 겨울 또한 지나고 봄이 오면
메마른 나뭇가지 생명을 잉태한 싹 돋아나듯이
작은 새 눈앞에도 산속은 지금처럼 초록색 세상이겠지

이별의 끝

그 얼마나 수많은 날들을
태양이 숨어버린 어둠 안에 멈춰 있었나

꽉 닫힌 마음을 내버려둔 채 서성거리다 지나친 시간
던져버리고 싶던 지난 일들
가끔은 없었던 듯 지나왔지만
도리도리 흔들어도 생각나는 건
나를 향하던 슬픈 그 모습

소리 없이 살며시 떠나버려도
때때로 모난 말로 상처 주며 힘들게 해도
나의 오랜 방황을 한결같이
은은한 눈 향기로 숨어보던 너

이제 슬픈 얼굴 보이지 마
쉽지 않았지만 이별의 끈을 끊었어

지금에서야 진정 깨달았지
내가 이 세상을 떠나는 날까지
널 멀리할 수 없다는 것을

첫눈이 내리면

봄 여름 가을엔 너와 나 걷던 길
첫눈 내린 이 겨울엔 나 혼자 걷고 있네

산새 울음소리 언덕길 옆 앙상한 벚나무
가지마다 쌓인 눈이 찬바람에 흩날릴 때
내 팔을 기둥인 양 살포시 기댄 너
검은 눈썹 곁눈질로 띄엄띄엄 속삭이네

변치 말자 먼저 말한 그 목소리 쟁쟁한데
첫눈 내린 언덕길에 슬픈 추억 쌓여 있네

붓꽃

봉곳 솟은 꽃봉오리 먹 묻힌 붓 닮았다

농막 앞 비탈면에 씨앗 몇 개 던져놓고
있거니 없거니 괭이질 몇 번에
고인 물 노란 주전자에 담아 쪼르륵 부었더니

이듬해 이른 봄 우후죽순 삐죽삐죽
이름 모를 연초록 잎이 올라 왔네

풀인 양 잠시 잊었다
초여름 잎 무성하더니 하나둘 꽃봉오리
하늘 향해 꽃피우니 자주색이 예쁘다
이제 알았다 아이리스, 붓꽃이란다

어느 순간 흐물흐물 힘없다
아쉬움에 남기는 위로의 한마디
좋은 소식 잘 전해주오

쌍갈래길

소리 없이 흘러내리는
이슬방울 같은 눈물 알갱이
켜켜이 쌓인 네 서러움이
지난 추억에 섞여 두 뺨 위
세월의 골짜기 따라 흘러내리는 밤

떠나버린 순정은 다시 올 길 없는데
진하디진한 네 눈물을 누가 멈추랴

밤은 깊어 사랑은 이미 어둠 속에 묻혔는데
아 아
어쩌란 말이냐 어쩌란 말이냐

이 밤이 새고 새벽이 오면
너는 너대로 나는 나대로
남남으로 갈라져 쌍갈래길에 서서
길고 긴 안녕을 고하겠구나

엉겅퀴

절간 입구 사천왕을 닮은 듯
말 없이 험상궂다

한의원 침인 양 가늘고 뾰족한 가시
팔 토시를 갑옷처럼 감쌌는데도
살포시 닿으니 되레 침은 부드럽다

사천왕이 청룡언월도를 잡고 버티고 섰으니
여기 여린 풀은 좀 더 살겠구나

주안상

창호지 문 구들방 가운데 박주산채 차려진 주안상
담장 옆 감나무 끝에 살포시 걸터앉은 초승달

임이 우리 함께 잔을 들어보세
온갖 시름 외로움은 어둠 속에 내던지고
연정에 겨워 얼싸안고 덩실덩실 더덩실
권커니 자커니 술잔을 부딪히니
가슴속 불타는 욕망은 끓어 올라
불그락 발그락 물들어 가는 이 밤

받으시오 받으시오 이 맛난 술을
그대와 단둘이 깊은 정 오가는 밤
시간아 세월아 가지를 마라
먼동아 아침아 오지를 마라
가고 오고 새날 밝으니 내 님이 떠나간다.

그대

서툴게 마주한 첫 눈빛 속에
말 못 할 슬픔이 숨겨져 있어
비단 같은 손끝이 나를 스칠 때
그 자리에 굳어버린 나의 시간

멀찌감치 밀어내고 싶던 그대였는데
어느새 가까이서 내 가슴을 울리네요
떨리지만 온기 어린 두 손길에
모든 두려움이 사라졌죠

당신을 믿어요 항상 옆에서
이 세상이 저만치 가도 곁에 있을게요
휘몰아치는 눈보라 속에서도 변하지 않아
지금 가진 이 사랑을 끝까지 안을게요

쉽지 않다는 거 나는 알아요
그대 다시 손 내밀 때 주저했음을
하지만 이제 내 옆에서
마음 편히 누워도 돼요

처음엔 이상했지만 곧 알게 됐죠
그 어떤 이보다 순수한 사람
나를 위해 달라진 그대 모습
이제부턴 내가 받아 줄게요

캄캄한 밤길도 함께 걸어 봐요
이제 주저하지 말아요
과거는 지나갔고 이제 우리는
끝까지 사랑하며 발자국 나란히 남겨봐요

아침밥

이른 아침
괜히 화난 듯 무표정으로 식탁에 앉았다.

게슴츠레 작은 눈으로 식탁 위를 스캔하는데
코 안으로 몇 가지 냄새가 밀려든다

식기의 절반쯤 담긴 밥에 눈길 한 번 더
백색 안개가 포물선을 그리며 공중 부양하는데
곧추세워 오르면 더 빨리 오를걸
숨을 내쉬자 요동친다.

오르고 또 오르면 못 오를 리 없....
한 자도 못 오르고 사라진다.

사람들아 그만 오르자
이제 식었다.

세월을 쫓아

윤사월 살구꽃 같은 추억은
바람이 만든 숲길을 따라
큰 소나무 사이로 멀어져가고

계곡을 넘고 아스라한 산등성이를 거슬러
하늘 가장자리에 이른 듯한데
다시 산마루에 헤쳐 모인 사람들
잔잔한 미소를 서로 건네며
기쁨으로 버무린 돌탑을 쌓노라면

긴 세월 흘러도 젓갈처럼 삭지 못하고
함정 속의 날카로운 죽창처럼
가슴 속의 분노와 절망
잠 못 이루던 곤혹의 기억들이
머리카락 사이로 휘몰아쳐 사라진다

쌓여가는 추억과 사라지는 기억들은
서로 다툼없이 자리바꿈하는데
그 세월을 쫓는 우리들
저만치 보이는 떡갈나무 언덕
그 끝을 향해 달려가고 있다

신발

어쩌면 그런저런 괜찮은 기분으로 집에 간다

현관문 열고 중문 앞
이거 왜 이래
각양각색 신발 4켤레 8짝
삐뚤 삐뚤 빼뚤 빼뚤

요리 보고 조리 보고
왼발로 이놈 툭 오른발로 저놈 툭
툭 툭 스윽 슥
좌우로 나란히

괜찮은 기분으로 중문을 열었다

초가을 풍경

흰 눈뭉치 같은 구름 덩어리
쉴 곳 찾아 바쁜데
초가을 들녘 귀퉁이 언덕에
방아깨비 다리 마냥 코스모스 한 줄기
요리조리 몸짓하며 섰다
시스루 원피스 자락 은근히 살랑거리듯
부끄럽게 속 보일까봐
간간히 앞섶을 여미는데
지나가는 갈바람이 가만두지를 않네

천일홍 사랑

밤하늘에 총총 누워 반짝이는 별들이
달을 품고 어둠 밝힌 듯 영롱하더니
이 밤을 머물다 소리 없이 별 하나 숨어 버렸네

머물다 간 바람처럼 기약 없이 떠나버린 너
긴긴날 활짝 피는 천일홍으로 보이려나
변치않는 사랑의 꽃으로
다시한번 내 마음속으로 들어오려나

매혹적인 내 사랑이여
아아 언젠가는 꺼져버릴 사랑의 불꽃
아아 사랑은 안개 속 보슬비
눈을 돌려 너를 안 보려 해도
오랫동안 숨었다가 그곳에 다시 반짝이네

3

동상이몽
떠나간 사람
파안대소
바람이 날아가네
석양에서 새벽까지
하수구
참새와 고양이
겨울비
차이
농막에서의 오후
한 발자국
닭장에서
사곡만의 오후
아버지의 그늘
외출
팽나무
이른 코스모스
초승달
언양 고갯길
청마 생가의 봄

동상이몽

밭 언덕 비탈면에 쭉쭉 뻗은 대나무
이리 보고 저리 보고 제 잘난 듯 흔들린다
밑둥은 굵고 야물어 청년 팔뚝 같은데
올려보니 여자아이 머리카락 마냥
바람 없이 나풀거리네
위 아래가 한 몸인데 우째 이리 다를꼬

멀리 있는 자식네들 각자도생 잘살아
속 좁은 이 남자는 생각 없이 멍한데
걱정 많은 저 여자는 핸드폰을 만지작만지작
택배 보낼 궁리에 머릿속이 복잡하다
부부가 한 몸인데 우째 이리 다를꼬

떠나간 사람

어쩌다가 나를 사랑했는지
어쩌다가 나를 콕 찍었는지
고되고 차디찬 세월은 왜 나를 아프게 하는지

이제 너도 나를 떠나고 상처만 남았는데
나 혼자는 힘들고 외로워
자꾸만 눈가에 이슬방울이 맺히네

오 떠나간 사람아
기나긴 하루해가 서산에 지는데
또다시 맞이하는 이 밤은 외로운 나를 울리겠지

가슴속 깊은 곳에 자리한 나의 사람아
부디 행복하게 잘 지내야 해
어느 순간 힘이 들면 또다시 내게로 와도 돼
나는 괜찮아

파안대소

우하하하
만면에 가득한 웃음 한번 웃기 위해
이마에서 턱밑까지 눈코귀입이 함께 했다.
살갗은 살갗대로 주름은 주름대로
보일락 말락 솜털도

그냥 웃는 웃음이 무엇이더냐
언제 입이 찢어지게
소란스럽게 웃어보았더냐
세상사 분노와 슬픔이 파안대소에 다 묻혔다.
날아갈 듯 개운하구나

웃으면 복이 와요
우하하하

바람이 날아가네

어젯밤 몇 잔 술에
눈물로 그대를 떠나보내고
다시는 생각을 말자 다짐을 해도
밀려오는 그리움은 어쩔 수가 없네요

진정 그대를 사랑했는데
맺지 못할 운명인가요
옷깃에 베어 있는
그대의 향기 들리는 듯
당신의 부드러운 속삭임
혹여나 내 임일까 문밖을 내다보니
살며시 날아가는 바람 이었네

석양에서 새벽까지

아쉬움에 매달려도 붙잡히지 않는 세월
쫓아가는 걸음보다 더 빨리 달아나고
떠난 벗들이 남기고 간 빈 술잔들
어느새 주름살과 흰머리가
슬그머니 팔짱끼며 벗하자며 안기는데

젊음이 내 노력으로 얻은 상이 아니듯
늙음 또한 내 잘못으로 받는 벌이 아닌
노을 진 강물처럼 흐르는 섭리인 것

서산에 번지는 노을길 걷노라면
뒤따르던 그림자 어둠 속으로 사라지고
친구들 이름표 달고 나타난 별들과
벌레 소리 안주 삼아 이슬주를 마시노라면
숙성된 밤이 새벽 창문을 두드리고 있다

하수구

김이 모락모락 피어오르는
하수구 뚜껑 위에 서 있어 봤니

내 뱃속 온갖 것이 세상 구경하고
다시 배 속으로 들어가는 느낌이야

숨을 쉴 수가 없었어
너도 그랬을거야

그곳을 두어 발자국 나오는데
살만 했어
인생이 그런거야

참새와 고양이

아이야
이리 와봐
가시덤불 속의 참새를 보라고
들고양이도 저쪽에 앉아 구경하고 있어

이 여리여리한 참새들이
뾰족한 덤불 속에 갇혀 가쁜 숨을 몰아쉬는데
들고양이 눈알이 바쁜 걸 보니
구경하는 게 아닌가 봐

어라!
들고양이가 흙 묻은 발로 맨입을 닦고 있네
덤불 속을 째려보더니 실룩실룩 사라졌어

참새가 크게 숨을 내쉬더니
깃털을 다듬는다

미물도 살아가는 법을 아는데
하물며 만물의 영장靈場 인간이야

겨울비

을씨년스런 겨울비 촉촉이 내리는 농막에서
멍하니 정신 줄 놓고
불타는 화목난로 보노라니
날마다 지저귀던 산새 소리 간데없고
원성을 샀는지 소요 사태 난 듯
지붕에 떨어지는 빗소리만 요란하네

산 중 밭 생명 붙은 모든 이가 반기는데
이내 마음 왜 이럴까

농막문 두드리며 그 임이 올 것 같아
눈길 모아 문을 여니 겨울비가 나를 막네

차이

나에게는 무의미한 것
너에게도 그닥 있어도 그만 없어도 그만
우리 모두에게 없어도 되는
그런데 비싼
금金

나에게는 너무 소중한 이것
너에게도 정말 귀중한
우리 모두에게 절대 없어서는 안 되는
그런데 공짜
공기空氣

농막에서의 오후

서산에 노을이 질 무렵
수탉이 슬피 우니
심란한 생각에 농막 문에 기대었네

네 울음 구슬퍼 내 듣기 힘들구나
네가 없는 듯하면 내 시름도 없을 진데

세상 모든 힘든 이에게
내 말을 전하노니
오후 늦게 산 중 밭 농막에는
가급적 오지 마오

한 발자국

자 지금부터 기쁨은 안개처럼 사라질거야

지붕에 걸친 긴 나무 사다리
가파르게 오르는 이 길을 바라봐
이제 오르기 전에 웃음을 기억해 놓자
언제 다시 볼 수 있을지
아니 오랜 시간 못 볼 수도 있어

우리가 지나온 길은
그래도 사다리 받힌 바닥처럼 평온했었지
달달한 애정의 향이 넘쳐 흘렀지

이제 찐하게 흐르는 땀방울 가파르게 내뱉는 숨소리
우리 사이 어쩔 수 없는 대화인지도 몰라

한 발자국 이제 한 발자국 내디뎠을 뿐
저 멀리 끝은 보지 마
잔잔했던 지나온 길처럼 계속 나만 바라봐줘
그러면 괜찮을 거야

고마워 가파른 길 함께 가는 그대
굳이 부족한 나를 붙잡는 그대여
간간히 바람이 지나갈 때만
저 멀리 희미한 구름을 바라봐
올라온 만큼 추억 어린 우리 둘 흔적

다짐해 혹시라도 맞잡은 손 떨어질지라도
울지 말고 겁내지 마
더 이상 올라갈 곳 없는 그곳은
많이 넓지 않아
나중에 우린 결국 다시 만나게 될 테니까

닭장에서

오늘도 나의 발길은
산 속의 거친 정원으로 향하고

나를 기다리며 반기는 목소리들
허기로 지친 목소리
갈증으로 타는 목마름
나의 발자국 소리를 기다리는
초롱한 눈동자의 푸른 생명들

공중을 맴도는 포식자와
밤마다 땅굴로 휘젓는 들쥐
주변을 배회하는 살찐 들고양이

그래, 그래,
내가 다 구해주고
내가 죄다 지켜주마
귀여운 나의 동반자들아

산고를 겪으며 내게 쥐어 준
너의 황금알 여덟 개
돌아오는 발걸음이 한결 가볍다

사곡만의 오후

한낮 땡볕이 무서워
끊임없이 내 옆을 맴돌던 키 작은 그림자가
길쭉하게 늘어져 저만치 멀어지면
도리질하는 아내 손목을 잡고
하루를 집에서 마무리하는 즈음

사곡만을 넘어 통영 죽림만 서쪽 하늘에 펼쳐진
진회색빛 구름 속의 붉은 석양
하늘로 올라가는 길처럼
은색 통로 구름 사이 비추는데
노아의 방주가 이 길로 지나는가

둥그런 접시 닮은 저녁 태양은
저 산 너머 몸을 감추고
제철소 용광로처럼 시뻘겋게 센 기운
태양을 뒤따르고 있다

아버지의 그늘

청마의 출생지 방하마을
마을 한가운데 자리한 깔끔한 양옥집
언제나 그곳에 홀로 계신 아버지

자식 도리 한답시고 찾아뵈면
'아범이 오나? 좋은 길로 오제?'

집안을 둘러보며 내가 애써 하는 말
'더우면 에어컨도 켜도 선풍기도 틀고 하이소'

평생의 연륜을 얼굴에 새기며
아직도 놓지 못한 자식들 걱정에
애써 감춘 애정은 무표정으로 남았다

해마다 산비탈 자갈논 뙤약볕은
구릿빛 청춘에 주름 골을 검게 새기고
느티나무 같았던 다리와 허리는

겨운 세월의 무게에 굽기는 하였으나
세월이 지나도 태산같은 그림자로 남아
여전히 그늘을 만들고 계시는 분

돌아오는 귓전에 뭉클 스치는 말씀
'좋은 길로 천천히 가거라, 매사 단디하고...'

외출

외출은 아내를 즐겁게 해

화장에 머리 손질에
이 옷 저 옷 걸쳐 보고
형형색색 액세서리 골라든 핸드백
신발장 위아래로 눈 굴려 구두 잡아
현관 거울 닳도록 돌려가며 비춰보네

몸단장에 많은 시간
여배우가 따로 없다
아내는 패션리더

외출은 나를 귀찮게 해

감은 머리 훌훌 털고
대충 로션 바르고
입던 옷 그냥 입고

거울 앞을 힐끔 스쳐
현관문을 나서는데

못마땅히 찡그리는 아내 얼굴
그런 나는 패션 테러리스트

팽나무

마을의 희로애락을 등짐 지고
청마 찾는 관람객 오롯이 품었는데
뻗어나간 가지만큼 뿌리가 넓지 못한 것은
바리케이드 같은 지혜의 단단함
엄설궂게 바닥을 옭아맨 콘크리트 포장 때문인가

그늘과 휴식처를 죄다 내어주고
더 이상 가진 것이 없음에도
외롭고 고달픈 인고의 세월을 망각하고
300년 마을의 수호신을 맡아 왔네

이른 코스모스

땅속 깊은 곳까지 파고드는 불볕더위
삼라만상 목마른데
수일 내 비 소식 저만치 오네
굵고 기다란 새끼줄 같은 비가 내려와야
이 폭염을 덮을 텐데
그저 기다릴 뿐
수목들 사이사이 힘센 잡초 비집고
길게 목을 치켜 올린 한 줄기 코스모스
귀한 대접은커녕
힐끗 보고 지나치면서
갈증이 심하긴 너도 마찬가지
그러나 지금은 무대책이 대책

초승달

힘껏 불어 터지기 일보 직전
둥그런 풍선같이 커져 버린 보름달
손가락 관절 통증 온 듯
두 손 접었다 폈다 조마조마한데

오늘
이제 막 아장아장 걸음마 뗀
두 살 아기 같은 초승달
손톱 같은 네가 초저녁 서쪽 하늘에 멈췄으니
신월까지 너를 볼 수 있겠구나

언양 고갯길

언양로 고갯길을 둘이 걷던 그날 밤
영원토록 이 고갯길 잊지 말자던
내딛는 한 발 한 발 새긴 그 맹세
날 밝으면 지워질까 언양 고갯길

언양로 달빛길을 함께 걷던 그날 밤
영원토록 이 밤길을 기억하자고
손을 잡은 그때는 행복했지만
날이 새면 추억이 될 그때 그 언약

청마 생가의 봄

춘하추동 운치 있는 청마 생가 초가집
이른 봄 말쑥한 선비 닮은 수선화
관람객 보러 조심스레 머리 내밀었는데
때마침 딱새 한 마리 우물가에 앉아
세상 이치 사람 도리 훈육하듯
도리질 한참 하더니
새 치고는 오래 앉았다가 꽃씨 물고 날아간다.
사리문 밖 몸 숨기고 술래잡기처럼 지켜보고는
연필로 끄적끄적 그 모습을 그려
청마 선생 문학혼 되새기며
담장에 시화를 올린다

4

닭발
기일
8월초
계룡산 안개
밭에서
정성
2층 건물
눈꽃
이파리
금잔화
빈 샴푸통
바람
발자국 소리
솔잎
풀이 되어
자화상
수국
기억
아내
이른 아침

닭발

사곡만 바다처럼 하염없이 변함없이
1년 365일 밥 밥 밥

뜻밖에 오늘은 닭발을 먹잔다
누가 어디로 빼돌렸는지 뼈 없는 닭발
지글지글 덜커덕 덜커덕
프라이팬 놀리는 소리 시끄러운데
그 속에 합쳐진 갖은 양념 닭발
뭉치고 헤어지고 솟구치고 떨어지고
난장판이 따로 없다
보름달 같은 쟁반에 소복이 담아
고명으로 깨소금 오밀조밀 내리고
나라 행사 의전 서열 벤치마킹한 듯
식탁 중앙에 자리한다
과음은 몸에 해롭다 했거늘
좌소주 우맥주가 다음 서열

술잔이 눈치 보며 양쪽 가에 앉으니
남은 시간 촉박한 듯
두잔 야무지게 섞어 돌려
아내 한잔 나 한잔 자기 주인 찾은 다음
일단 쨍~
오오 그대여 변치마오
밥은 멀리 출장갔다

기일

음력 5월10일
어머님이 저희를 떠나신 지 43년이 흘렀네요
내 나이 24살 1982년
아아 어머님
송연이가 며칠 전 어머님 곁으로 올라 갔습니다
잘 보살펴 주세요
꼭 안아 주시고요
먼 훗날 모두 만나요

8월초

파란 하늘의 정열이 하얀 살갗을 파고든 7월
하늘 향해 목을 젖히니
매 맞은 아이 마냥 얼굴이 오만상
민소매로 막으니 불판 위 삼겹살
저 산 넘어 해 졌는데
사방팔방 무더위 스멀스멀 밀려들고
아파트의 잠 못 이루는 밤
7월은 이렇게 갔다

달력 한 장에 8자로 바뀌었는데
청상과부 수절인가 더위는 그대로인데
시뻘겋게 타는 장작불 그대로 둔 채
끓는 물만 식히려 한다

입추 말복이 눈 앞이니
저만치 가을이 오려나

계룡산 안개

국수 줄기 같은 한 여름 소나기 지나간 자리
계룡산 중허리에 태양계 토성 닮은
흰색 테가 둘러 졌다

방망이 깎는 노인처럼 제자리를 지켜
온갖 만물 청정하고 반짝반짝한데
흰색 테 안쪽 악마를 가둔 듯 얄궂게 검다

놀이터 나무 잎새 살랑거리니
흰색 테 살포시 흩어진다

소나기 지나간 뒤 우뚝 선 계룡산
맑고 아름답다

밭에서

논일 끝낸 아버지 손등처럼
딸 새도 없이 터져버린 방울토마토

잡초 속에 인고한 머위잎이
뙤약볕을 가릴 만큼 넓은데

그늘에 숨었던 개미 떼
틈새 벌어진 방울토마토를 보고
부지런히 오른다

엄마 잃은 애기 뱀이 내 얼굴을 마주한 것도 잠시
아이구야 나 살려라
범 만난 아낙네처럼 식겁하고 사라진다

지나가는 바람 만난 늙은 참나무
가지에 앉은 작은 새 머리 위로 부채 바람 부칠 즈음
모기떼 찾는 흰나비 가는 바람 더해준다

정성

고양이 쥐 움켜쥐듯
에메랄드 보석처럼 핸드폰을 부여잡은 두 손

숙제 안 한 아이 마냥 무릎 꿇고
빠떼루 받은 레슬링 선수 되어
얼차려 받는 훈련병처럼
납작 엎어졌는데
두 팔 끝까지 내민 뒤 멀리 들어 올려
눈동자 실핏줄 보일락 말락
찰칵 찰칵 찰칵
수국꽃을 찍었다

일어나 흙먼지 털고
이것저것 취사선택
나름 괜찮은 것만 골라 보낸다
카톡에서 미소 짓는 아내에게

2층 건물

쓸쓸한 공동구역
아래층에 경로당 위층에 마을회관

높은 곳 하늘 우러러 펄럭이는 태극기
노스탤지어의 손수건인가?
마을 사람 소리 없는 아우성

조석으로 여닫히는 출입문
산전수전 인고한 노인네들 부르고
그 안에 흩뿌려진 찐한 살냄새

자식 자랑 손주 자랑
팔불출은 저리가라

애들 이혼 사업 실패
누가 알까 입술 꾹 다물고는

누가 오나 누가 가나 영점 맞춰 밖을 보며
대동아 전쟁을 떠올리니 참 다사다난한 곳

눈꽃

검정포대기 같은 무더기 바람 끝에
펄펄 흩뿌려지는 하얀 꽃가루
하늘에서 빗금으로 쳐지는 작은 가루
멍석 같은 앞마당 닿을락 말락 사라진다
희끗희끗 허공을 배회한 뒤
자로 잰 듯 다소곳이 내리더니
게 눈처럼 감쪽같이 또 사라진다
그냥 있던 곳에 있었으면 눈꽃으로 피었을 텐데

이파리

늦가을 쌀쌀한 하루를 바쁘게 산 작은 새가
느지막이 쉴 곳 찾아
악어 등딱지 같은 늙은 참나무 가지에 앉았다

어라, 하루 사이 갈색 옷으로 바꿔 입은 나뭇잎을 보고
어제는 연두색 옷이더니 웬 갈색 옷
용수철 튕기듯 참나무를 박차고 벌떡 일어나
주위를 빙빙 도는데

참나무 이파리 힘없이 늘어진 채
내년 봄에 눈이 부시도록 연초록으로 깨어날께

갈 곳 잃은 작은 새 눈가가 반짝이며 촉촉한데
해거름에 일찍 나선 달님이 고개를 돌린다

금잔화

구중궁궐 속에 갇혔는가
억센 양아치 같은 잡초에 둘러싸인
몇 떨기 금잔화

척박한 땅 인고의 시간을 말없이 견디고
그나마 생명을 건졌다

늦게나마 과오를 회개한 나무늘보 닮은 밭 주인
장대같이 솟아오른 잡초를 후려 뽑으니
세상이 이렇게 환했던가

어두운 세파를 헤집고 힘들게 탄생한 금잔화
이제 한숨 돌리려나 하는데
장작불 위에 놓인 드럼통 같은 폭염이 내리 쬐인다

극한의 목마름 마른 수건 짜듯
땅속을 헤집어 보는데
아무리 찾으려도 보이지 않는 생명수

금잔화여
비탄에 빠진 몇 떨기 외로운 꽃이여
어쩌다가 척박한 내 밭 안에 자리 잡았는지

폭염이 지나고 멀잖은 날 단비가 대지를 적시리니
너는 맑고 고요한 하늘을 향한 반짝이는 눈 일지라

빈 샴푸통

다 쓰고 빈 통인 줄 아는데도
통통 두드리면 한 번 감을 정도는 내 주는

그 옛날 찌든 살림 척박한 삶
나올게 없는데도 마른 수건 틀어 짜듯

그래서 자식들 한 끼는 해결되는
부모님의 주름살 사이에 끼인 밥알처럼

재활용 가방 안에 던질까 망설이다
다시 또 손바닥에 통통 두드리니
없던 샴푸 두세 방울 생겨나고

잘못 없이 맞은 손 시뻘겋게 변하더니
대침 맞은 듯 아려오는데
옛 시절 초가삼간 삼시세끼 밥이
그냥 생긴 게 아니었나 보다

바람

오만 가지 군상들의 집합체
새털보다 가벼운 투명한 덩어리들

산들에서 어느새 회오리로 개명하여
이리저리 몰려다니다 스스로 흩어지는

인간사 생로병사 바람과 다르랴만
그 속에 살가운 내음 있으니
진정 네가 온 세상 바로 세워 주기를
그런 네가 한없이 생겨나길 그린다

발자국 소리

보이시나요
지나가는 바람에 흔들리는 나뭇잎을

들리시나요
어제 내린 밤비 작은 고랑을 타고 흐르는 소리

산 중 밭 하늘 아래 오만가지 소리 섞여
잠시 눈 감고 귀 쫑긋
스롱 스롱 새소리에 스르륵 스르륵 벌레 소리
바스락 바스락 낙엽 소리 틱틱틱 솔방울 소리
자연을 연주하는 오케스트라

한순간 저쪽 밭 가장자리에서 들려오는
저벅 저벅 발자국 소리

아 그대런가
아니 아니 다시 멀어져 가네
가슴속 공허함이 그리움을 밀어낸다.

솔잎

논두렁길 지나 산길을 오르는데
겨울바람 며칠씩 살랑살랑 내려앉은 낙엽
먼바다 파도처럼 울퉁불퉁 산길을
푹신하게 덮었다
산새들 지저귀는 소리
앙상한 참나무 가지 사이로 새어 나오는데
웃음일까 울음일까 잡담일까
밭을 둘러싼 나무는 앙상하기만 한데
키 큰 소나무 세 그루
가느다란 푸른빛을 내려놓는다
산새가 휙 날아가자 갈색 낙엽 위에
푸른 솔잎 몇 개 쌓였다

풀이 되어

– 아주 4.3 독립 만세운동 기념행사 참여 후기

다만 여리고 약하기에 어디 대고 하소연할 길 없었던
한 고을의 백성들의 절절한 원통함이
차라리 길 모퉁이 풀이 되어 이날 무성히도 피어났으니

쥐어박고 짓누르고 더해지는 폭압 발길이 무지막지 할수록
풀은 폭풍 속의 불처럼 힘 있게 번지는데
짐짓 그 누가 알았으리오

오로지 여리고 어질던 자들이
어떻게 이처럼 힘 있고 강건할 줄이야
작디작은 미물 같은 자들 하나하나
깊숙이 품었던 만세 소리 하늘 향해 포효하면
겨레와 강토 자유와 해방
메아리 되어 하늘로 퍼지네
오오 이 애타는 절규여

그날 한반도의 남쪽 끝자락 거제도 아주리는
인고할 수 없었던 백성들의 피가 길모퉁이 풀이 되어
큰 섬을 온통 빨갛게 물들였나니

해마다 이날이 오면 그 여린 풀은
우리 가슴 한가운데로 모여
무성히도 번저 나가도다

자화상

동네에서 조금 떨어진 곳 어렸을 때 살던 집
다섯 집이 길어 먹던 사각 우물
마을 길을 따라 우물로 발길을 옮깁니다

엎드려 두 팔 벌려 우물 테두리 잡고
얼굴을 아래로 쳐 박습니다

잔잔하고 맑은 물이끼들
작은 비단개구리가 팔짝
파란 하늘 흰 구름 흘러가고요
그런데 어떤 남자 찡그린 얼굴
우물 안 분위기 음산한데
바로 일어섭니다.

우물을 뒤로 하고 오던 길을 걷는데
우물 속 그 남자 얼굴이 떠오릅니다.

되돌아가서 우물에 엎드렸는데
그 남자는 그대로입니다

남자가 보기 싫어 다시 일어섰는데
갑자기 연민의 정이 확 올라옵니다

우물물 이끼돌 비단개구리 파란 하늘 흰 구름
우물 속은 그대로인데 남자는…

동네로 돌아오는 길이 편치 않습니다

수국

희뿌옇게 밝아오는 베란다
환하게 얼굴 맞댄 두 송이 수국
숙취의 이 새벽 띵한 내 심사를
거칠게 어루만지는데
복잡다단 어젯밤 기억들이 희미하다

수국이여
누가 너희를 그 자리에 두었는지
그 한없이 환한 자태의 따뜻한 모습을
가만히 거실 안으로 비추는데
얼마지 않아 저편으로 사라질
혹서의 계절

어찌 될꼬
그러나 너는 환하고 밝게 퍼지는
참한 얼굴이어라

기억

기나긴 오늘이 지나가는 저 산 저편에
발그레한 노을이 산머리를 덮으면
분주한 농부님들 후줄근한 모양새
하나둘 집으로 향하는데
이내 몸은 어디로 가야 하나

저 산마루 큰 바위는 나를 흘기고
어둠이 내 옆을 감싸안는데
이제 과거가 되어가는 내 쓰라린 기억들이
풀잎처럼 흔들리며 나를 깨우네

저기 들녘 가운데 길게 앉은 비닐하우스
바람 스쳐 떨어도 나를 달랠 수 없지

지금 이 밤 수많은 풀잎이 기억되어
나를 향해 흔들흔들 춤을 추네
또 춤을 추네

아내

많고 많은 사람 중에 우리 둘 마주 보네
우연을 핑계로 인연이라는 끈을 이어 달려온 지금
그래 눈 깜짝할 새 변해가는 세월 속에
넌 항상 내 쉴 곳이 되어 주었어

돌아보면 난 왜 늘 너에게 받기만 했을까
잠깐이겠지만 내 마음속 보여 줄게

서투른 얘기겠지만
있잖아 너 소리죽이며 살짝살짝 내뱉던
작은 한숨 소리 나는 들었어
언제나 그러려니 참아온 힘들었던 모든 것들
내게 넘겨주길 바라
모두 보듬어 줄게

앨범 속 그 자리 묵은 사진처럼
넌 변함없이 여유롭고 해맑은 미소로
괜찮다 괜찮아 지겠지 했지

오 잠시 스친 그 화사한 얼굴 안에
말 없는 사연들이 잠시 귀 기울여 달라고
은근히 눈길 주네

이른 아침

건너 건너 남쪽 무명산
가라앉은 옅은 안개에 젖었다

이른 아침 북쪽 진해만 바다가
팔 벌려 다가오는데
이른 아침 축 처진 몸뚱어리 바닥과 한 몸 되어
허전한 마음은 자꾸 뒤로 물러서려 한다

벽에 기댄 채 억지로 바다의 포옹을 맞는데
의외로 부드럽다
생각을 달리하니 무명산 안개
어딘가로 달아났다

신삼남 시인론

신상성 『신삼남 시인론』

소리 없는 소리
聴於無声中

신상성(문학박사, 서울문예디지털대 초대총장)

《예기》(禮記; 曲禮)에서는 음악의 최고 절정을 보여주는 경지가 있다. '聴於無声中'(소리 없는 소리 속에서도 소리를 듣는다)고 했다. 無音(여운) 속에서도 그 진정한 소리를 들을 수 있다는 경지이다. 즉 '소리 없는 소리'를 듣는 것이다. '有形有声 有形無声'(노래 속에서도 소리를 듣고, 소리 없는 노래 속에서도 소리를 들을 수 있다) 無에서 긴 有(여운)를 읽어내는 것이다.

보통 사람들은 겉으로 나타나는 노랫가락에서 소리를 감지하지만, 높은 경지에 이른 음악귀신이 되면 노랫소리가 없어도 그 여운의 깊은 울림을 계속 들을 수 있는 것이다. 예컨대, '아리랑'을 실제 부르지 않고 눈만 감고 연상해도 아리랑 음률이 가사와 함께 이마에서 가락을 탄다.

그러나 차이콥스키의 '四季'를 연상한다면 그 길고 긴 원곡을 악보 없이 그대로 복사해낼 수는 없다. 최상층 전문 음악가라야 가능할 것이다. '사계'가 아리랑만큼이나 보통 사람들에게는 충분히 원숙하지 않기 때문이다.

'視於無形中'(아무 것도 없는 형체 속에서도 그 형체를 본다) 즉. 백지 캔버스 속에서도 형체를 읽어내는 수준을 말한다. 김홍도 그림에 익숙한 전문 미술가는 빈 캔버스 앞에서 김홍도만 연상해도 '씨름판' 그림이 나온다. 그 그림의 긴 여운을 그려낼 수 있는 것이다.

즉, 무존재(無)에서 존재(有)를 읽어내는 것이다. '聽於無声中 視於無形中' 듣든지, 보든지 실체의 유무를 초월한 無極의 경지에 도달한 것을 말한다.

이번 초가을 신삼남의 첫시집《새벽의 끝자락에서》에서도 無極에 이르는 律呂의 지극한 핏발을 볼 수 있다. 필자는 그의 고요한 시편들을 약5년간 지켜보면서 그 흐름 끝자락 한편을 찾아낸 것이다. 불교철학적 초월성을 일부 발굴해 내었다. 이 시집의 미학적 성취는 청마의 불교사상과도 연계되어 있는 것 같다. 평범한 일상의 조각들 속에서도 신시인은 존재론적 미학성을 활짝 펴보이고 있다,

이 시집에서 전체적으로 관통하는 키워드는 '불교철학적 초월, 관조하는 여유, 화합하려는 평화관'으로 압축

할 수 있다. '無声有詩'(유형의 詩 속에서 無声, 소리없는 소리)을 읽어내는 것이다. 無極의 새벽마다 그는 어떤 형체를 찾아 나선다. '나의 뒤통수는 어떻게 생겼는가?' 그 끝자락에서 '존재와 비존재'에 몸부림 친다.

결어는 '放下着'(모든 것을 내려놓는 데 있다)이다. 결국 내가 가진 모든 것, 내가 소리치고 싶은 모든 것을 이제 탕! 내려놓는 것이다. 아니 내려 놓고 싶다. 과연 그것이 가능한가. 이 경계선에서 신삼남은 고뇌의 우물 속에 빠지곤 한다. '無音'을 찾아내려고 몸부림친다.

그는 늘 한발짝 뒤에서 우주를 세상을 관조해 왔다. 앞에서 나대기보다 혼자만의 깊은 우물 속에서 고뇌해 왔다. 그것은 그가 거제시 공무원으로서 2019년 퇴직하기까지 평생 스스로 엄혹하게 가두어온 철학이며 가치관인 것도 같다.

그는 1959년 태어났다. 문학적인 기본적 핏기는 그 자신 태어난 땅이 둔덕면 방하리 황토이다. 이웃 청마의 땅에서 영기를 받은 것일까, 늦깎이로 '한반도문학'에 등단(2021년 신인상)하면서 이제 여생을 문학적 열정에 불태우고 있다. 그 집념으로 최근 거제북시티문학상(2024년 최우수작품상)도 거머쥐었으며, 현재 청마기념사업회 회장으로도 활동하고 있는 것 같다.

1. '관세음보살' 때문에

'觀世音菩薩'은 부처가 세상의 소리를 본다는 것이다. 왜 소리를 듣는다고 하지 않고 본다고 했는가? 초월과 깨달음의 경지에 이르면 세상을 보는 게 아니라 듣는 것이다. 초월했기 때문에 눈을 감고 있어도, 귀를 막고 있어도 세상의 모든 말과 짓거리를 손바닥 들여다보듯 다 파악할 수 있는 것이다.

태초 우주 생명의 소리는 '律呂'이다. 율려는 지구 빅뱅에서부터 지금 이 순간에도 똑같이 빛과 진동으로 살아 움직이고 있다. 신삼남은 관세음보살 같은 율려를 온몸으로 탐색한다. '소리 없는 소리'를 찾는다. '觀世音菩薩' 언어를 찾아나섰다. 관세음보살 때문에 시에 모든 생명을 걸었다.

그의 첫 번째 시 '엉겅퀴꽃'에서 관세음보살 안경으로 들여다보면 대자연의 존재론적 의미를 읽어낼 수 있을 것이다. 인간의 진정한 가치는 물질적 황금에 있는 게 아니라 정신적 율려에 있는 것이다. 관세음보살 같은 존재론적 깨달음을 찾아오는 것이다. 대오각성하는데 있는 게 아닐까,

    산책로 둑길에 숨은 듯 몰래 핀 엉겅퀴꽃
    거친 털로 휘감은 줄기와 가시 삐친 이파리

독을 품은 검보라색 꽃봉오리도
등산객의 눈길조차 외면 받아왔는가
어느 날 폭풍우에 쓸려 사라졌는지
구름이 꾀어서 데려갔는지
그 자리 홀연히 네가 없어지고 나서야
새색시 박하분 솔처럼 꽃봉오리 내밀었네
비로소 네가 진정 고귀한 보랏빛 엉겅퀴꽃
우리마을 얼굴 꽃임을 이제 깨달았네

- 엉겅퀴꽃

세상 모든 존재의 극한은 無極이다. 우주의 생명체인 공기는 분명 있으나 우리들 눈에는 보이지 않는다. 그러나 우리는 한 순간도 공기를 마시지 못하면 즉사한다. 즉, 아무 소리도 없는 속에서 소리(여운)를 들을 수 있고, 아무 형체기 없는 속에서 형체를 볼 수 있는 경지에 이르러야 비로소 진정한 詩가 나올 수 있는 것이다. 소리 없는 소리, 형체 없는 형체의 무극 상태에서 '無声有詩'가 되는 것이다. 관세음보살의 경지이다.

신삼남은 '숨은 듯 몰래 핀 엉겅퀴꽃'에서 어떤 존재의 미를 부여하려고 한밤중 반야심경 염불을 했다. '거울 앞에 선 내 누님 같은 꽃이여' 한밤중 달빛 환한 마당에서 그는 서정주 같이 존재론에 미쳤다. 환장했다. 한낱 보잘

것없이 서 있는 '엉겅퀴꽃'은 지금도 많은 사람들에게 외면받고 무시되고 있다.

그러나 신시인은 모두가 비켜 간 고귀한 보랏빛 엉겅퀴꽃, 박하분 솔 꽃봉오리를 발견해낸 것이다. '그 자리 홀연히 네가 없어지고 나서야, 새색시 박하분 솔처럼 꽃봉오리 내밀었네, 비로소 네가 진정 고귀한 보랏빛 엉겅퀴꽃, 우리마을 얼굴 꽃임을 이제 깨달았네'

평범한 일상의 파편 속에서 천둥소리 같이 찾아낸 깨달음이다. 청마의 '바위' 같은 존재론적 깨달음도 발견해냈다. 일상의 흔한 바위이지만 청마는 '(망치로) 깨어도 소리 않는 바위가 되리라'고 자신의 신념을, 가치관을 결심한 것이다. 진정한 바위의 가치와 존재의미를 읽어낸 것이다.

여기에서 작가 특유의 시작법 개성도 보여주고 있다. '반전'으로 비수같은 주제성도 내던졌다. 그의 시편 전면에 때때로 나타나는 이러한 전율은 반전에 있다. 김삿갓같이 세상을 꼬집는 주제성은 뜬금없는 반전에 방점이 박힌다.

한민족 최초의 경전《天符經》의 '一始無始一, 一終無終一(일시무시일, 일종무종일) 첫 구절과 끝 구절도 마찬가지 개념이다. 우리는 태어나면서 하나로 시작되지만, 한순간 뒤돌아보면 그 하나도 없다. 동시에 하나의 죽음으로 끝나지만 그 하나로 끝난 것도 없다.

즉 시작과 끝은 하나이며, 생사도 하나이다. '사는 게 죽는 것이고 죽는 것이 사는 것이다' 우주만물의 시작과 끝은 없으며 끝없이 반복하며 영원한 것이다. 우주의 모든 생명체도 모든 존재물도 영원하다.

2. 존재와 비존재

신삼남은 '자화상'에서 자신의 존재와 비존재를 거울에 비추어 주었다. '나는 무엇이며, 왜 존재하며 지금 어디로 가고 있는가' 그가 실존하고 있는 자기 동네 우물 속에서 스스로의 얼굴을 찾아내려고 살갗을 벗겨내고 있는 것이다.

> 동네에서 조금 떨어진 곳 어렸을 때 살던 집
> 다섯 집이 길어 먹던 사각 우물
> 마을 길을 따라 우물로 발길을 옮깁니다
> 잔잔하고 맑은 물 이끼돌
> 작은 비단개구리가 팔짝
> 파란 하늘 흰 구름 흘러가고요
> 그런데 어떤 남자 찡그린 얼굴
> 우물 안 분위기 음산한데 바로 일어섭니다.

우물을 뒤로 하고 오던 길을 걷는데
우물 속 그 남자 얼굴이 떠오릅니다.
되돌아가서 우물에 엎드렸는데
그 남자는 그대로입니다
남자가 보기 싫어 다시 일어섰는데
갑자기 연민의 정이 확 올라옵니다
우물물 이끼돌 비단개구리 파란하늘 흰 구름
우물 속은 그대로인데 남자는…
동네로 돌아오는 길이 편치 않습니다

- 자화상

  동내 우물 속에는 '비단개구리와 흰 구름만 비치고 있다' 그 한복판에는 자기얼굴도 잔물결에 흔들리고 있을 것이다. 그뿐 아무 것도 없다. 그가 죽어도 그렇게 반복되고 있을 것이다. 개구리와 구름이 반복적으로 비칠 것이다. '일시무시일, 일종무종일'이 복습될 뿐이다.

  '되돌아가서 우물에 엎드렸는데 그 남자는 그대로입니다. 남자가 보기 싫어 다시 일어섰는데 갑자기 연민의 정이 확 올라옵니다'

  그것도 잠시의 그림자일 것이다. 영원할 것 같지만 영원한 것은 없다. 이러한 반복은 영원히 레코딩 될 것이다. 생사는 하나의 원형 줄넘기 같이 동그랗게 계속 굴러

갈 뿐이다.

'존재와 비존재는 하나의 몸이며 반복되는 원형이다' 깨달음일까, '엉겅퀴꽃'은 일상에서 외면 받아온 들꽃일 뿐이다. 그러나 분명한 우주의 생명력이며 존재물이다. 과연 장미꽃과 무엇이 다른가. 그는 인간의 내면을 비추는 자신의 거울을 찾아내었다. '농막별곡, 참나무, 산에 숨은 밭 등에서 자연의 질서, 생로병사의 진리를 보여주었으며 존재론적 의미로 확장이 된다. 자연과 인간의 경계성에서 아니 그 초월적 일체감 속에서 대오각성해 나가는 과정이다.

'자화상'에 이르기까지 존재론과 비존재론의 주제는 가족들과의 관계 속에서 연계된 것이다. 평생 살을 맞붙여온 아내와 아버지의 존재론 속에서 발아되었다. 이 시집 제목이기도 한 '새벽의 끝자락에서' 새벽마다 고생해 온 아버지의 고단함을 상징화했다.

아버지는 '닳고 닳은 낫처럼' 굽은 허리로 하늘을 등짐진 채, 무거운 발걸음을 내딛곤 했다. 그 모질고 척박한 세월을 견뎌온 낫자루도 빗자루도 아버지의 육신도 이제는 '몽당'이 되었다. 특히 아내에 대한 애증과 속깊은 반성문에는 속울음이 폭발치고 있다.

많고 많은 사람 중에 우리 둘 마주 보네
우연을 핑계로 인연이라는 끈을 이어 달려온 지금
그래 눈 깜짝할 새 변해가는 세월 속에
넌 항상 내 쉴 곳이 되어 주었어
돌아보면 난 왜 늘 너에게 받기만 했을까
잠깐이겠지만 내 마음속 보여 줄게
……
앨범 속 그 자리 묵은 사진처럼
넌 변함없이 여유롭고 해맑은 미소로
괜찮다 괜찮아 했지
오 잠시 스친 그 화사한 얼굴 안에
말 없는 사연들이 잠시 귀 기울여 달라고
은근히 눈길 주네

- 아내

  아내와 나는 '우리 둘 마주 보네 인연이라는 끈을 이어 지금 넌 항상 내 쉴 곳이 되어 주었어, 난 왜 늘 너에게 받기만 했을까, 너의 작은 한숨 소리에 언제나 그러려니 참아온 모든 것들, 앨범 속 사진처럼 화사한 얼굴 안에 말 없는 사연들' 이제 당신과 나는 운명처럼 그냥 이렇게 사는 거야, 이데 행복이지러,

평생 아내의 작은 한숨 소리를 못 들은 척하며 가장으로서의 권위를 앞세워 왔다. 이제는 거제시청 고위 공무원으로서 정년도 하고 어느 만큼 가정도 안착이 되자 뒤늦게 아내에 대한 반성문을 쓴 것이다. 어쨌든 '당신과 나는 운명일 수밖에 없다' 보살 같은 회귀로 돌아왔다.
  이러한 존재론적 깨달음은 '님 그리워, 송연아, 눈물에 젖은 편지 등에서도 연계되어 나타난다. 잃어버린 인연, 되돌릴 수 없는 시간들 앞에서 새롭게 자기 거울을 찾는 것이다. 늘 한발짝 뒤로 물러서서 관조하는 습성은 이렇게 겨울 김장 김치 담그듯 깊어진다.
  그의 시는 그가 권두언에서 고백하듯 나태주 시 같이 쉽고 간결한 시어로 일관하고 있다. 그것이 오히려 길고 난해한 시들보다 독자들에게 더 가깝게 다가간다. 시인의 아픈 가슴과 여운이 더욱 극대화되기도 한다.

3. 방하착 放下着

  '삶과 자연의 질서, 사랑과 그리움, 불교적 초월성과 깨달음 등이 '방하착'에 귀착된다. 강원도 정선 길고 긴 검은 탄광 터널 길 같이 깊은 산 속을 수평으로 달려나가고 있다.
  앞부분에서는 일상의 관계와 기억들, 자연의 생명력

등을 주로 다루었다. 후반으로 갈수록 인간의 내면과 초월성, 우주적 영혼성 등이 소환되고 있다. 마지막 부분의 시편들 특히 대표적인 '솔잎'에서 그의 벼락치는 소리는 '방하착'에서 피눈물을 흘린다.

> 논두렁길 지나 산길을 오르는데
> 겨울바람 며칠씩 살랑살랑 내려앉은 낙엽
> 먼 바다 파도처럼 울퉁불퉁 산길을
> 푹신하게 덮었다
> 산새들 지저귀는 소리
> 앙상한 참나무 가지 사이로 새어 나오는데
> 웃음일까 울음일까 잡담일까
> 밭을 둘러싼 나무는 앙상하기만 한데
> 키 큰 소나무 세 그루
> 가느다란 푸른빛을 내려 놓는다
> 산새가 휙 날아가자 갈색 낙엽 위에
> 푸른 솔잎 몇 개 쌓였다
> — 솔잎

작가는 '논두렁길을 지나 산길을 오른다/ 내려앉은 낙엽이 파도처럼 산길을 덮었다/ 산새들 노래소리 참나무 가지 사이로 새어 나오는데/ 산새가 날아가자 낙엽 위에 푸른 솔잎 몇 개 쌓였다'

산새가 날아가자 낙엽 위에 푸른 '솔잎' 몇 개 쌓여 있다. 작가 자신이 산새일까, 솔잎일까, 한 인생, 한 일생을 마지막 정리하는 묘비명 같다. 즉 '放下著' 세상 모든 것을 내려놓았다. 욕망이며 재산이며 다 버렸다. 그러나 그게 가능할까, 살고 있는 집도, 은행통장도 다 버릴 수 있을까, 신라 마지막 왕 경순왕처럼 지팡이 하나 말랑 흔들면 금강산으로 싹 달아날 수 있을까.

  그렇게 단숨에 '방하착' 할 수 없을 것이다. 그러나 신 삼남은 끊임없이 노력하는 것 같다. '한순간 날아간 산새로 가벼운 솔잎 하나로 남고 싶다' 자연 그대로 남고 싶은 희망이다. 그러나 인간은 죽음 앞에서는 다 내려놓아야 한다. 또 안 내려 놓는다고 해서 또 어쩔 것인가, 따라서 신시인이 깨달은 것은 이제라도 조금씩 내려놓는 법을 배워야 한다, 는 것이다.

  이러한 존재론적 회귀성에는 '굴레를 벗다, 돛을 올려라, 등 비움의 가치관에서 일관된 대금연주를 하는 것 같다. 죽음은 소멸이 아니라 회귀이며, 욕망에서 벗어난 해탈이다. 생명을 사랑하되 집착하지 말라, 엉겅퀴꽃 가시에도 생명의 숨결이 있고, 황혼의 낙엽에도 사랑의 그림자가 남아 있다. 삶이 고독하고 서러워도 모두가 아름다운 흔적과 존재성들이다.

  '돌아보지 마세요'에서는 '사랑하는 당신, 떠나고 싶으면 그냥 가고, 보고 싶으면 그냥 오세요' 진달래꽃 같은 역설적 미련이다. 이 같은 애매한 정조는 '이별의 끝, 천일홍 사랑에서도 반복된다. 이별은 끝이 아니라 변주의 시작이다. 관계의 끈을 단호하게 끊으면서도 결국 끊지 못한다. 세상 관계가, 사랑의 무게가 다 그렇지 않은가. 불행과 슬픔에 맞서는 개성이기도 하다. 회한과 체온이 공존하는 서정의 결이 특징이다.

젊은 날의 열정에서 이제는 노년의 관조가 진솔한 시어로 나열되었다. 한 생애와 감정의 궤적이 응축된 하나의 정서적 연대기로 나타났다. 현실과 초월 사이를 부유하며 탐문한다. 여기에서도 소박한 시어와 짧은 호흡이 일정하게 전개되었다. 초월성과 비움으로 구조화된 한 생의 희로애락 줄거리이기도 하다.

4. 무성유시 '無声有詩'

'하수구'는 양재성의 '개똥벌레'와 주제가 비슷하다. 개똥밭에 굴러도 저승보다 이승이 낫다, 는 반어이며 회귀되는 가치관이다. '無声有詩'에서는 詩 속에서 無声(소리 없는 소리)을 지어내는 경지이다. 우주의 소리 '律呂'를 몸으로 전율할 수 있는 수준이다.

신시인의 시어들을 세 가지로 통섭해 보면 ①시각적으로 '서쪽 하늘의 초승달, 은색 통로의 석양, 보랏빛 노을길' 등이다. ②청각적으로 '수탉의 슬픈 울음, 벌레 소리, 지붕 두드리는 겨울비' 등으로서 내면의 심리상태를 중계한다. ③촉각적으로 '하수구'의 숨막힘, '한 발자국'의 급경사 사다리, '팽나무'의 콘크리트에 옭아맨 뿌리 등이다, 덧붙여 후각적인 시법도 있다. '옷깃에 밴 향기' 시어 등은 오랜 기억도 소환하며 울림이 깊은 울림이다.

  '율려'는 김지하가 감옥에서 석방되어 나오는 날, 그가 돌계단 사이에서 올라온 풀꽃을 보고 무릎을 쳤다는 일화이다. 우주의 존재란 어떤 것이 가장 가치 있는 것일까, 아무도 알아주지 않는 일개 풀꽃에서 그는 존재의 진정한 가치를 잡아낸 것이다. 존재와 비존재란 무엇인가, 그 경계에서의 율려란 또 무엇인가,
  김지하가 시멘트 좌파문학의 오랜 허상을 결별하고 니온 깨달음이다. 이념적 정치적 허울에서 옷을 활짝 벗는 존재론적 우주의 빛을 새삼 발견한 것이다. 그것이 바로 '無声有詩'(시에서의 없는 소리를 찾아내는 것이다) 詩 속에서 진정한 소리, 가치 있는 詩語(여운)이 남아 있는가, 우주적 존재론의 시는 어떻게 쓸 것인가.
  소리 없는 무성의 음악에서 진정한 소리를 읽어내고, 또한 무성의 시에서도 그 존재를 찾거나 지을 수 있는 미

학성이 과연 가능한 것일까, 그러나 얼마든지 가능하다는 것을 우리는 신삼남의 시편 속에서도 일부 쉽게 읽어낼 수 있다. '拈華微笑'(석가모니가 추켜든 한송이 꽃을 가섭만이 깨달아 미소 지었다)는 최고의 깨달음 경지에 이르는 미학적 주제들이다.

 '殺佛殺祖'(부처를 만나면 부처를 죽이고, 부모를 만나면 부모를 죽여라!) 즉 자기의 我執이 되는 모든 것을 없애라는 뜻이다. 당나라 말기. 臨濟義玄(?~867)의 말로서 《법구경》(담마빠다 294번째)의 구절이다. 즉 '나는 이러이러한 왕이나 귀족의 가문에서 태어났다'는 말을 하면 우선 귀족이라는 신분에 대한 선입관이 들어서 그 이후의 판단이 틀려진다는 것이다.

 '부처를, 어머니를, 아버지를 죽이라'는 그것은 돌멩이같이 굳어진 자만과 고집을 죽이고 사실과 현상을 그대로 거울같이 인지하라'는 뜻이다. 석가모니는 아들 라훌라에게 "이것은 나의 것이 아니고, 내가 아니고, 나의 자아가 아니다."라고 말했다. 어떤 사람이나 사물을 가리켜 '이것은 나의 것'이라고 먼저 말했을 때. 먼저 편견과 선입관이 점령한다.

 '拈華微笑' 석가모니가 영취산 집회에서 한 손에 꽃을 들었다. 무슨 뜻인지 모두 말없이 멍멍하게 있었다. 오직 가섭만이 미소 짓자 정법안장과 열반묘심이 있구나!)

즉 '無声有詩'의 경지에 올라선 것이다. 우리는 신삼남의 《새벽의 끝자락에서》이 시집을 통해 '시에서의 소리없는 깨달음의 무성' 경지를 또 하나 새삼 깨닫게 된 것이다.